깃발은 흔들 때 힘이 있다

깃발은 흔들 때 힘이 있다
– 구자원 시집

초판 1쇄 인쇄 2013년 6월 15일
초판 1쇄 발행 2013년 6월 21일

지은이 | 구자원
펴낸이 | 홍소근
편집장 | 김동관

펴낸곳 | 평사리 Common Life Books
출판신고 | 제313-2004-172호(2004년 7월 1일)
주소 | (121-836) 서울시 마포구 서교동 475-13 원천빌딩 6층
전화 | 02-706-1970
팩스 | 02-706-1971
e-mail | com nonlifebooks@gmail.com
Homepage | www.commonlifebooks.com

2013 ⓒ 구자원
ISBN 978-89-92241-44-1 03810

* 책값은 표지 뒤쪽에 있습니다.
* 파본은 본사와 구입한 서점에서 교환해 드립니다.
* 이 책은 저작권법에 의하여 보호를 받는 저작물이므로 무단 전재와 복제를 금합니다.

깃발은
흔들 때 힘이 있다

구자원 시집

평사리
Common Life Books

시인의 꿈

 달은 태양의 빛을 빌어 겸손하게 때로는 혼자서, 때로는 구름 뒤에 숨어서 돌고 돌지만 당당한 태양을 두려워하지는 않는다. 그냥 다 내려놓고 자신의 길을 담담하게 가는 것이다. 나는 왜 산을 오르고 들판을 걷고 숲길을 걷는가. 왜 황홀한 저녁 바닷가를 찾아가는가. 다 벗어 놓고 다 내려놓고 맑은 마음으로 훨훨 자유롭게 가다 보면 삶의 진실을 만날 것 같아서일까.

 초등학교 3학년 때 동시 몇 줄 적어서 교실 게시판에 붙였더니 선생님께서 시인이 되라 하셨다. 고등학교 시절 시 쓰기 대회에서 처음으로 우수상을 받고서 신바람이 났는지 날마다 시와 일기를 쓰기 시작했다. 시인의 길을 꿈으로만 꾸었던 탓인지 세월은 흐르고 흘러 생의 가을이 왔다. 그리고 그 옛날 묵혀 놓은 이런 저런 옛 시들을 읽어 가며, 자연을 벗 삼아 욕심 없이 시와 동행하는 즐거움으로 살아왔다. 아름다운 인생이란 자신을 비우고 맑은 마음으로 스스로 원하는 길로 즐기면서 그냥 가는 것이라 믿고 싶었다.

 꿈은 이루어진다 했던가. 그러던 어느 날 존경하는 선배님께서 홈페이지에 올려놓은 부족한 나의 시 몇 편을 보시고 시인의 길을 찾아 주시어 등단의 꿈을 이루게 되었으니, 그 고마움 잊지 않고 품고 살고 있다. 그리고 첫 시집을 내는 미천한 사람에게 따뜻한 정으로 품어 주시고 정성을 다해 해설을 해 주신 존경하는 김종섭 시인님께 깊은 감사의 마음을 전해 올린다.

 부족하고 빈약한 몇 편의 시를 책으로 만들려니 마음이 떨리고 머리도 많이 아팠지만, 삶의 궤적을 돌아본다는 생각으로 스스로를 위로해 본다. 그리고 뜨거운 태양이 아닌 맑은 달의 마음으로 시인의 꿈을 안고 시와 벗이 되어 남은 길 즐기면서 가야겠다고 다짐해 본다.

 지난 세월 돌아보니 평생 잊지 못할 애제자들과 동료들이 다시 그립다. 또 가장 아쉽고 안타까운 것은 승천하신 그리운 부모님께 이 시집을 직접 올리지 못함이다. 외동아들이지만 항상 부족한 나를 소중히 아껴 주신 부모님, 한평생 뒷바라지 해 준 아내 모니카 님과 늘 든든한 힘이 되어 준 두 아들에게 한없는 사랑과 감사의 마음을 전하고 싶다.

2013. 5. 23.
성암산 자락에서 모세 구자원

차례

1부 뿌리의 독백

깃발은 흔들 때 힘이 있다 __12
길목에서 __14
뿌리의 독백 __16
웃고 울고 __18
차(茶) __20
마음의 집 __21
낙엽 단상 __22
상상화(想像畵) __23
왜곡의 유혹 __24
겨울나무 __26
애증에 대하여 __28
어부 __30
황홀한 바다 __32
밤배 __33
심정 __34

2부 해는 다시 뜨는데

강물처럼 __36
고추야 고추야 __39
묵은 뜰에 꽃이 피다 __41
명상 __42
봉화산 __44
원시림 __45
시내에 들면 __46
자존의 들풀 __48
지천(地天)의 조우(遭遇) __49
풀밭 __50
해는 다시 뜨는데 __51

3부 익명의 숲

감꽃 __54
은경이 __56
살구꽃이 피면 __58
동무야 __60
늦어서 미안하다 __61
익명의 숲 __63
그래서 눈물이 난다 __65
가랑비 __67
능금밭 아저씨 __69
나 참 __70
이제는 __72
추억 __73
주막에서 __75
고향집 __76

4부 새들과의 이별에 대하여

여백 __78
새들과의 이별에 대하여 __79
함께한 가치들 __81
스승의 길 1 __84
스승의 길 2 __86
비는 언제 __87
착한 나무 __89
공산(空山) __90

5부 아직은 아니겠지

낙원 가는 길 __92
울지 마라 그대여 __94
맑은 숲길로 __96
개미들의 승천 __97
아직은 아니겠지 __98
묵상 __100
안국 __101
용서의 잔 __103
그분 __104
미리내 동산 __105
유랑인 __106
나서지 마라 __107

6부 아름다운 승천

아름다운 승천 __110
속죄 __113
어머니 __115
당신 __116
편지 __117
전깃불은 나가도 __118
프란치스코 살레시오 __120
논산 가던 날 __122
그냥 __124
취나물 __126

해설 – 김종섭(시인·한국문인협회 부이사장) __128

1부

뿌리의 독백

깃발은 흔들 때 힘이 있다

굽은 허리를 펴고
찌든 잡초 밭에 불을 질러
질곡의 늪에서 빠져나오던 함성
하늘에 가득 찼더니
이제 꿈속에 묻으라네

억장을 뭉개 새겨 놓은
전사의 위대한 시구(詩句)는
어느 늑골 한 마디에 새겨 두라네

속없이 부산을 떠는
흔들리는 아침 햇살에 기대어
맨발로 선 난시(亂視)들이여
허 허, 빈 웃음 내뱉으며
야윈 빗자루로 치열했던 흔적을
쓸어 담는다

황금 빛 가방을 든
어둠이 문을 열고 들어온다
광야에 휘날리던 깃발도

어둠에 마주섰던 촛불도
줄을 지어 비켜선다

잿빛으로 갈아입은 어둠 앞에
복종하는 색맹(色盲)들이 부산하다
비석(碑石)은 결코
비석(飛石)이 되지 않는다

깃발은 흔들 때 힘이 있다

길목에서

새벽으로 달아나는
막차의 꼬리를 바라보아도
아직은 제 색깔인 차표
못 버릴 미련 있으니
그건
행복했던 증거라네.

날밤을 두려움으로 채우며
비 오는 바다에 떠 있다 해도
아직은 견딜 만하니
그건
열려 있는 꿈을 본 거라네.

철커덕 닫혀 버릴 것 같은 문전에
촛불 하나 켜는 그 마음
아직은 숨 쉬고 있으니
그건
사랑이 함께 있다는 거라네

깊은 밤 차창을 따라나서는

지울 수 없는 그리움이
길목에서 맞아주니
그건
가야할 길이 남아 있다는 거라네.

뿌리의 독백

나는 너의 목숨
너의 뼈
살
피
밥이다

나는 너의 생명
너의 아픔
시련
미소다

나는 다 안다
너의 꿈
좌절
분노
희망
행복이
나 때문에 살아 있음을

기나긴 어둠 속에서

너를 파란 잎으로
강한 줄기로
고운 꽃으로
열매로 이끌었다

하지만
나는 침묵한다
오직
땅 위의 너
그 존재의 아름다움을
지켜주기 위하여

웃고 울고

언제나 그 자리에
그대로 있을 뿐이라 하더니

천한 미소가 된 것 같아
그것이 아프다고 하더니

흘러간 세월의 뒷간에
무덤으로 남겨 둠이
차라리 더 좋을까

혼자 들락거린
수많은 날들이
나신으로 걸려 있었단 말이던가

헛웃음
맑은 하늘로 날려 주고
시린 눈물 맑은 개울에 뿌려 주며

그냥 한번
웃어 주고

울어 주고 편하게 가시게

차(茶)

너의 그 차(茶) 한 잔으로
나는 아름다운 낙원으로 왔다

아무것도 줄 수 없는 나에게
따뜻한 마음으로 건네준
차(茶) 한 잔은
나의 꿈을 일구어 주었다

수십 년 늙도록 무관(無官)인 나에게
고운 마음으로 예(禮)를 받쳐 건네준
차(茶) 한 잔은 존재를 아름답게 한다

너의 눈 안에 내 얼굴이 비치면
마음은 어린아이처럼 설레어
고개 숙여 찻잔 속을 들여다 보며
소리 없이 쑥스럽게 웃는다

다채색(多彩色) 유리잔에
온갖 그림이 상상화로 변하여
아름답게 웃는다

마음의 집

달은 부끄러운 얼굴로
구름 뒤로 숨어 떠나지만
여명을 앞세우고
떠오르는 태양은 당당하다
우리가 내일을 믿고
산을 오르는 까닭이 여기에 있다
오늘이 비록 난처하더라도
누추하게 찢기지 말고
올곧은 마음 부둥켜안고
폭풍 속으로 걸어가는
사람들의 이웃이 되어
가장 작은 것들에서부터
가장 소중한 것들까지
함께 나누며 살아가는
마음의 집을 짓자

낙엽 단상

마당 앞 단풍나무
짐 싸는 소리
온밤 내내 몰래 들으며
백발의 숲속으로 걸어가는
나그네
뒷모습을 보았다

서걱서걱 새벽 비질 소리에
담 밑으로 쓸려가는
처연한
이별이 서러워라

우리 어매 먹여 주시던
젖빛 연기로
사라질까 애가 타서
새벽안개 위로 흐르는
달빛을 붙들고
설은 손 휘이 휘이 흔들어 준다

상상화(想像畵)

바람처럼이라고
그렇게 쉽게 말하지 마라
텅 빈 자유 안에 와 있다는 착각이다

구름처럼이라고
그렇게 쉽게 말하지 마라.
허심(虛心) 무욕(無慾)으로 간다는 낙서이다

물처럼이라고
그렇게 함부로 말하지 마라
다 벗어 놓고 소리 없이 우는 떨림이다

산처럼이라고
그렇게 맘대로 말하지 마라
바람, 구름, 물이 다 함께 엮인 세상이다

그냥 상상화나 그려라

왜곡의 유혹

눈은 보이는 대로 보지 않고
입은 있는 그대로를 말하지 않으며
귀는 들리는 대로 듣지 않는다
마음은 느끼는 대로 담아두지 않고
어느 것도 진실을 내어놓으려 하지 않으며
그들 나름으로 꾸미고 덧칠을 한다

이 짜릿한 왜곡의 맛이여

도사리 하나도 스스로 취하고 버릴 수 없음을
번연히 알면서
모르는 채 외면하고 사는
그 속내를 아무도 말하려 들지 않는다.
들숨과 날숨 사이를 오가며
칠하고 또 칠하고
어제와 오늘을 걷고 있건만
다 알면서 모르는 체
먼눈파는

이 오욕의 부끄러운 속내여.

진실의 동공이 열리는 밤의 정점에 이르러
솟구치는 아침 태양에 시린 눈을 가리고
허적허적 빈 나루에 나와 앉아
왜곡의 유혹을 벗어 보려고
덧칠한 비밀을 긁어내는 아픔을
주름진 영각으로 꺼억 꺼억
토해 내는

이 처연한 슬픔이여.

밤 깊도록 잠 못 이루고 뒤척이며
젖은 비밀을 말리는 아픔이여

겨울나무

그가 식음을 폐하였다는
소식을 저녁나절에 듣고서
작별의 시간이 오고 있음을 알았지
아침에 올라오는 땅김을 마시며
고운 햇살로 추억을 말리니

길 건너 하얀 억새가 손을 흔들고
구비 구비 휘감겨 저린 흔적들
발아래 펼쳐 놓고서
흐르는 개울에 붓을 씻어 놓고
지나간 세월을 털어 낸다

생사의 법칙을 받아 입고서
잠 못 들어 뒤척이는데
총총한 별빛은 말이 없다
눈물 한 모금 마시고
파란 하늘 한 모금 더 마시고 나면
저마다 부산한 몸짓으로 툭툭 신발을 털며
가벼운 걸음으로
윤회의 문고리를 잠그고 나면

서러운 이별도 아름답다

깊은 밤 조용히 손을 잡는 그분
그윽이 바라보시며
'서러워 말아라' 위로하지만
그 말이 뻔한 거짓인 줄 알면서도
고운 눈빛으로 받으며

꿀꺽 여명(餘命)을 삼키고
뚝 손을 놓아 버렸다

삼베 성긴 올 사이로
고왔던 그 세월을 채워
다비식을 치른다

애증에 대하여

냉랭한 겨울밤
저 깊고 아득한 곳에
깜박이고 있는
별의 이름을 불러 본다.
인생의 출구를
헤매며 떠도는 유랑자여
부서진 바람이로다.

무너진 시멘트 건물
차가운 바닥을 핥으며
누추한 가슴에 애증(愛憎)을 숨기고
작부(酌婦)처럼
화장을 하고 싶을까.

무엇을 위하여든
오늘도 축배를 들어야 하는
이 번잡(煩雜)함
술맛 나는 밤만
허무하게 몰려온다.

검은 양복 위로 히죽히죽
삐쳐 오르는 모가지에다
붉은 넥타이를 매는
이토록 질긴 당신을
차라리 품어야 할까 보다

어부

그래, 뭐 좀 낚았더냐
목청 높여 물었더니
대답은 없고
낡은 그물 사이로
붉은 노을만 일렁거린다

출렁거리는 파도에 몸을 싣고
신 새벽 바다로 나선 패기 넘치던
젊은 어부가
뭉그러진 손으로 노를 저으며
저녁 바람에 실려와
쓸쓸하게 부두에 서 있다

좀 낚았느냐
얼마나 건졌느냐
씁쓸하게 물어 보지만

툴툴 빈 그물을 털며 뿜어내는
담배 연기만 하늘로 사라진다

아무것도 없다

황홀한 바다

갈매기 어지럽게 날고 있는 외진 항구
작은 어선을 묶어 놓은 돌기둥에 앉아
소주 한 잔 들고 이글거리는 오메가를 응시하니
18도 알코올이 열을 받아 50도로 올라간다
하늘이 빙글빙글 돌아가고
노을 품은 구름이 춤을 춘다
과음인가
저녁 갈매기는 떼를 지어 붉은 햇살을 흔들고
아득한 수평선 위로 노을빛 물길이 열린다
소주잔에 별이 뜨고
천 원짜리 푸른 소주병 속으로
화장 짙은 무지개가 흐물거리며 들어온다
레이저로 갈아입은 요염한 여인들이
주당의 손을 잡아 일으켜 세우니
석쇠 위의 오징어가 신이 나서 깨춤을 춘다

밤배

훌훌 벗어 버리고
해풍(海風)에 몸을 씻고
훠이훠이 날으는
흰나비를 만나다.

망망대해의 달빛은 요요하여
밤은 맑고 깊다.

넘실대는 파도 위로
별빛은 쏟아지고
팔 벌려 하늘을 안고
출렁이는 그리움에
눈물짓는 옥빛 치맛자락

구겨져 얽힌 주름을
구비구비 풀어내며
춤추는 여인이
서럽도록 아름답다

심정

이토록 맑은 세상을
한 번도 제대로 바라볼 수 없는
그의 심정을 아시는가

이미 놓쳐 버린 애증을 그리워하며
허망한 가슴속을 청소하는
그의 심정을 아시는가

뜨거웠던 열정 허망하게 버려두고
혼자 외롭게 떠나가는
그의 심정을 아시는가

부디 그를 더는 흔들지 말자
영원한 그림자인 그를
그의 아픈 심정을

2부

해는 다시 뜨는데

강물처럼

우리는 흘러가고자 한다.
두꺼운 콘크리트 벽을 허물고
명쾌하게 흐르고자 한다

나무여 아파하지 마라.
꽃잎아 슬퍼하지 마라
들풀아 누워서라도 외쳐라.

우리가 썩어 새 물결이 되자고
그들의 벽에 잔금이 간지는 오래다
굴하지 말라
그들이 강줄기를 틀어 놓고자 했다

거센 바람을
파도를 몰고 왔다
그러나 우리는 흘러왔다

그들이 오물을 던졌다
폐수를 흘려보내고
농약을 풀었다

물고기가 죽어갔다
불구가 되기도
미치기도 하였다

그러나 우리는 흘렀다
물밑이 조금씩 보이기 시작하였고
들풀이 춤추는 모습이
강물에, 푸른 저 강물에
그림자로 선명하게 보이기 시작하였다

그들도 보았다
강 깊은 바닥에서 올라오는
거대한 촛불 든 군상의 함성을.
하얀 솜털구름의 훠이훠이 자맥질을.

우리가 쉬지 않고
우리가 꺾이지 않고
도도히 흘러왔기에,
아직도 강가에 서서
함께 흐르기를 거부하고
오물을 풀고 있는 그들을 위하여.
우리는 목 놓아 울고 싶다

숲이 썩어
꽃잎과 들풀이 썩어
강물 되어 피를 걸러 낸
이 새로운 물줄기를 따라
우리는 쉼 없이 흐르리라

고추야 고추야

1
텃밭에 심은 고추
가지가 무너지게 열렸네
간밤 소나기 비바람에
가지가 휘어졌네
녹슨 무쇠 낫으로
족제비싸릿대를 베어다가
기둥 삼아 세워 주고
후유, 긴 한숨 내쉬며
담배 한 대 부쳐 무네

2
태양은 신이 나서 불을 놓고
풋고추 나이 들어
온몸이 흑색으로 변해가네

배꼽 아래 바이러스 집을 지어
아랫도리 긁었더니
온몸이 썩어 오네

중국산 못 믿어서
텃밭을 갈았는데
이 무슨 변고인고.
고추야, 고추야

묵은 뜰에 꽃이 피다

창가에 붙어 서서
찬찬히 이름 한번 불러 본다
아는 이름
잊혀진 이름
지어낸 이름
묵은 뜰이 꽃동네가 되었다

빼곡히 눌러 붙은
시간의 주검을 밟고
찾아온 들꽃
선뜻 손 내밀지 못하는
이 속내를 알까

담장 위를 지나던 저녁 바람이
휘파람 한 소절 불어줄 것만 같다

창에서 뛰어내려
이름 잃은 풀꽃이 되어
시중을 들고 싶다

명상

안개에 감싸인 새벽 산사
맑은 풍경 소리 그리워
눈을 감는다

하얀 눈 폴폴 내리는 신새벽
산길을 조곤조곤 걸으니
뽀드득 뽀드득
고운 소리
털신을 타고 올라오고

운부암 굴뚝에
모락모락 연기는 피고
스님의 목탁 소리
잠든 산을 깨우니

재 넘어
백흥암을 넘어가면
비구니들의 염불 소리
별빛 고운 하늘로 가고

부처님 품에 안겨
염주를 헤아리니
잿빛 장삼 걸쳐 입고
훨 훨 날아오르네

명상의 문을 닫고
이승의 문을 여니
고운 햇살 창틈으로
배시시 웃어 준다

봉화산

그대는 영락없이 포근한 여인
볼록하게 솟아오르다가
부드럽게 흘러내리는
물결 같이 아름다운 가슴
다독이며 안아주시는
정숙한 고향 산

아침마다 창가에 서면
언제라도 안기라며
가슴 열어 주는 포근한 산
봉화산

나는 그대 이름을 잊은 채로
불혹을 건너 지천명에 이르러
그대를 이름 떠올리며
소리 내어 웃어 본다오
봉화산

원시림(原始林)

아무것도 걸치지 않고 맨발로 걸어가는
원시림의 이브를 보았다
하얀 유리구슬 같은 아침 이슬 앞에 앉더니
눈으로 화장하는 그 모습에
나는 사라지고 없었다
맑은 햇살이 숲을 열고 들어올 때쯤
이슬 앞에 앉은 이브의 손을 잡아 일으키는
아담의 눈빛이 사라진 나를 불러낸다.
그렇게도 가고 싶었던 곳
거기가 여기구나
단추를 풀고 허리띠를 풀어 던졌다
머리를 열고 가슴을 헐어
혼탁한 시간의 물통을 콸콸 쏟아 버렸다
원시림으로 걸어 들어갔다
헨리 데이비드 소로우를 만났다
돌아가지 않을 것이다

시내에 들면

시내에 들면
맨발로 시내에 들면
색깔 없이 슬프다.
건널 수 없는 하늘에
구름을 밟고 서면
낡은 가슴이 출렁인다.

물나라에서의
하룻밤
푸른 달빛
소쩍새 소리
아가배꽃

그날이 일렁이면
밤에도 무지개가 뜬다.

별이 담긴
시내에 들면
하얀 장미 숲으로
물길이 열리고

종이배 하나 다가온다

자존의 들풀

삼류로 보이냐
그럴지도 모르지
하늘을 지붕 삼아
들판에서 노숙하니
눈길 한번 주는 이 없고
물 한 모금 주는 이 없지

비 오면 비를 맞고
눈 오면 눈을 맞고
바람 불면 그 바람 견디며
젖으면 말리고
얼면 녹이고
쓰러지면 일어나는

이 모든 역경을
온몸으로 감당하는,
초라해도 당당한
그대는 당당한
자존의 들풀

지천(地天)의 조우(遭遇)

오늘은 하늘을 봐야겠다
그리고 흐르는 구름을 따라가 봐야겠다

해 질 녘에 서라벌 외진 들녘을 걸었다
비 온 뒤의 하늘은 깊고 곱다
장밋빛 서천(西天)에 초여름 햇살은 한없이 너그럽다.
이제 막 뛰기 시작하는 나락(벼)들의 열병은
까마득한 유년으로 나를 몰고 간다
시원하게 열어 놓은 일자 논길을 따라
사바의 근육을 풀어 버리고
생활의 무게를 잠시 덜어내려고 한다
때로는 잡초라는 이름으로
때로는 들풀이란 이름으로
묵묵한 개망초
그 맑은 눈빛으로 하늘을 본다

풀밭

파란 풀밭에 아름다운 꽃들이
소복소복 곱게도 피어 있네
찬찬히 그 이름들
불러 보고 만져 본다

곱게도 피어난 향기 짙은 꽃들
그윽하게 바라보니
생명의 신비가
어느 길섶에서라도
손 흔들어 줄 것 같다

비어 있는 내 마음에
향수가 찾아드니
나, 무명초 한 포기 되어
풀밭에 내려앉아
시나 한 소절 쓰고 갈까나

해는 다시 뜨는데

이른 아침
안개 자욱한 길을 따라
새밭 언덕에 우두커니 서서
적막한 지당둑을 바라보니
달맞이 꽃 여린 입술 위에
하얀 이슬은 차갑도록 담담한데
막차의 승차권을 들여다보는
노객의 눈빛이 서러워 보이고
희미하게 일렁이는 옥포 자락이
아득히 멀어져 가더니
잠시 돌아서 야윈 손 흔들며
안개 속으로 사라져 간다.
해는 다시 뜨는데

3부

익명의 숲

감꽃

구정골 흙 담장을 돌아서
골목길을 따라가면
오른편에 도천댁
왼편에 파계댁
맨 안에 원촌댁이 있고
허물어진 담장 사이에
늙은 감나무 한 그루 서 있다
연노랑 감꽃이 뚝뚝 떨어지는
이른 새벽에
눈꼽째기 슬슬 비벼 털며
짚훼기 하나 뽑아들고 나서면
파계댁 둘째 딸
달분이 동생 별분이
뚫어진 담 구멍으로
남 먼저 기어 나와
한 홰기 가득 꿰어 들고
아작아작 씹으며
빙그레 웃는다
감꽃이 필 때면
반 백 년도 더 지난 지금도

여덟 살
별분이 소식 궁금하다

은경이

해 뜨는 시골 지당에
붉은 노을 비치면
우윳빛 고운 다리
삼단 같은 머리끝에
나비 닮은 자주 댕기
실바람에 춤을 추네

깜장 고무신 무명 치마
하얀 저고리 차려 입고
머리 위에 따벵이
그 위에 옹가지 얹어 이고
살랑살랑 엉덩이 흔들며
샘가로 물 길러 가던 모습
눈에 선하네

아담한 물 옹가지
그 안에 구름이 뜨고
옹가지 안에 물바가지
신이 나서 춤을 추면
이마에 흐르는 물 닦아가며

지나가던 그 모습
지금도 선한데
섬섬옥수 그 고운 손
청순하고 맑은 웃음 잃지 않던
은경이 그립고 그립다

살구꽃이 피면

살구꽃이 피면
그 아이가 생각난다
흑진주 같은 머릿결
백옥 같은 얼굴에
초롱초롱한 눈망울
살구꽃잎 같이 여린 입술

무명으로 만든
하얀 저고리에
검은 치마
깜장 고무신을 신고
쫄랑쫄랑 따라오며
오빠야!를 연발하던
그 아이

파란 하늘 저 멀리서
웃어 줄 것 같은
열다섯 어린 나이
살구꽃 같은 나이에
머나 먼 그곳으로

스스로 떠나 버린
둘남이

동무야

이제는 말하고 싶다
동무야
넌 참으로 순박한 한 송이 꽃
연분홍 입술에 분홍 고름을 문
맑은 나의 꽃
철없는 소년인 나에게
밤마다 찾아와 별을 뿌려 주었지

너의 그 마음 잊을 수 없어
일기장에 담아 두었단다
세월은 흘러가도
그 시절 그 모습
아직도 이 마음에 살아 있단다

동무야
그리운 나의 동무야

늦어서 미안하다

참꽃 곱게 핀 시골 산길
돌다리 건너다닌 송천
그곳은 나의 낭만

국민학교 교무실 창가에
쓸쓸히 걸려 있는 종소리
가슴에 품고 헤어지던 날
아직도 눈에 선하고

문학이 좋아서
뒤죽박죽 끄적이던 그 시절
잊을 수 없어
이런 저런 잡글로
스스로를 위로하였지

그 많은 일기와 허접한 시
빛바랜 옛 글들을
넣 놓고 바라보니
서천에 붉은 해가
빙그레 웃으며

손을 흔든다
꿈은 이루어진다며

늦어서 미안하다

익명의 숲

안개 자욱한 숲으로 걸어가던 날
조금씩 옷이 젖어 오고 몸도 젖고
내 안에 숨죽인 그리움도 젖었다

오늘처럼 습도 높은 밤에는
싱크대도 닦고 말갛게 거울도 닦고
그와 마주 앉고 싶다

혼자 우는 밤 개구리처럼
세월이 흘러도 여전히
열두 살 때의 누나를 기다린다

툇마루에 걸터앉아
힘들고 지루해도
그냥 흘러가자
튀어 오르려 애쓰지 말자고
연필로 낙서를 했다

그리움이 우는 밤에는
행복한 꿈을 많이 꾼다

습도 높은 밤은 이래서 좋다

나의 맘속에 살아 있는
그는 나의 영원한 숲
나만의 숲
그 맑은 숲 속에 혼자 있어도
그리움이 살아 있어 행복하다

그래서 눈물이 난다

앙증맞은 냉이 꽃
고운 모습이
그렇게 예쁠 수가 없어
바람을 따라나섰더니
노란 꽃술에 새하얀 이슬이
마디마다 구슬로 맺혔더라.

그래서 눈물이 난다

메밀 잠자리 신이 나서 춤을 추던 날
그 모습 간절토록 그리워
숙자야 누나 가슴에 안겼더니
별빛이 소리 죽여 울더라

그래서 눈물이 난다.

목화 꽃 한 송이 안겨 주며 그윽이 바라보던
창백한 눈빛 지울 수 없어
새벽바람 마시며 마당에 앉았으니
사립문 열고 나가며 손 흔들어 주더라

그래서 눈물이 난다

가랑비

이렇게 가랑비가 오는 날은
우산을 쓰지 않고 함께 걷고 싶다
팔짱을 끼지 않아도
발끝만 바라보면서
걸을 수만 있어도 좋겠다

이렇게 가랑비가 오는 날에는
지붕 없는 원두막에 함께 앉아
참외 하나 먹지 않아도
고운 빗방울에 간지럼 타는
그 모습 보는 걸로 좋을 것 같다

이렇게 가랑비 오는 날은
누구의 초상이라도 그려 주고 싶다
순박하고 고운 미소 바라보며
달맞이 꽃 아름다운 뚝방길로
함께 한번 걸었으면 좋겠다

능금밭 아저씨

코스모스 춤추는 시골길
동무들과 하교하던 그날
상큼한 가을바람 마시며
두 팔 벌려 신이 나서 달려 가다가

개울가 사과밭에 곱게 익은 열매에
혼이 빠져
동무들 손잡고 몰래 들어가
런닝구 안에 집어넣는데
능금밭 아저씨
'이놈들' 하시면서 소리치신다
깜짝 놀라 벌벌 떨고 있으니

검정 고무신 벗어 들게 하시고
벌을 세우시더니
아저씨는 빙긋 빙긋 웃으시며
사과가 '먹고 싶냐'고 물으신다
동무들 셋이서 고개를 끄덕이니
알았다 하시면서
빨간 사과 몇 개를 주시고는

말없이 손을 저어 얼른 가라 하신다
꼬부랑 논둑길을 신나게 달려가는
우리에게 두 손 들어 흔드시던
그분이 그립다

나 참

정말이지 그럴 줄 몰랐어
연필을 두 자루나 사다 주었는데
그 겨울 아침에
맨발로 들어가
돌다리도 놓아 주었는데

책 보따리는 왜 맡겨
쓸데없는 거짓말은 왜 해
꼭 그렇게 붙어서 걸어야 하니
웃음은 어찌 그리 헤픈데

아카시 꽃길을 걷고 싶다고
동화책 읽는 소리를 듣고 싶다고
나, 정말이지
억울해서 그냥 웃는다. 웃어

그래도 저녁노을이 참 아름답긴 하다
그 길을 혼자 걸어가던 모습은 좋았는데
혼자 울며 가던 고독함이 좋았는데

네 이름이 아직 나의 혓바닥 밑에
가위눌려 있는데
나 참

이제는

지독히도 미워한 오그라진 지난 세월
좌절감으로 영혼은 멍들고
검은 모자 눌러쓰고 숨어 다닌
그 시절은 언제나 냉골이었다

그토록 불신과 푸대접을 받아가며
날마다 왜소해지는 자신을 밀어내고
함께 하기를 거부한 그 많은 상처들
버리려고 눈을 감고 싶진 않았다

세월이 흘러 문득 돌아보니
긴 한숨 내쉬며 가을 길을 걷다가
돌밭에서 패랭이꽃을 만나고
조용히 눈을 감고 스스로를 치유한다

존재의 의미를 부정했던 아픈 마음들
이제는 다 내려놓고 혼탁했던 지난 세월
맑은 개울에 씻어 주고
조용히 웃으면서 남은 길 가야겠다

추억

흘러간 그 세월을 등에 업고
세월의 막 자락을 슬그머니 건너와
잡초로 묵어가던 옛길을 만나
솔 향을 마시며 단풍나무 숲길을 걸으니
잡목들이 낄낄대며 웃고 있네

낡은 심장이 슬슬 꿈틀거리고
주름진 얼굴에 햇살이 침을 놓네

옷깃을 스치며 지나던 바람이
수줍은 모습으로 배시시 웃으며
살며시 내 안에 들어오니

그대 이제 내 마음에
잉태되었나니
늑골에서 불러오신 고운 말씀을
함께 찬미해 보세

맑은 하늘에 흰 구름 두둥실 뜨는 날
추억 속에 묻어 둔

날개옷 나누어 입고
훨훨 한번 날아 보세나

주막에서

어둠은
계곡에서 일어나
나그네를 반기네
녹음 짙은 산속의 주막
그윽한 맛을 아는가
늙은 나무에 걸린 주막 등은
쏟아지는 별빛을 쳐다보고
소쩍새
애절한 목소리는
적막을 깨우니
생 미나리 안주 놓고
동동주 한잔
그 맛을 아시는지
쳐다보니 엄마 같은 보름달
돌려 보니 추억 같은 동무들
권하는 잔마다 정이 넘치니
산바람도 신이 나네
건배

고향집

아침에 창문을 열어 보니
들판에 초목들은 싱그럽고
개울물 소리 속닥거리는데
철없는 어린 산새
개울 속 돌 위에 마주 앉아
엉덩이 흔들며 까불싹댄다

허허 하고 웃어 주고 앞산에 올라
노송의 굽은 허리에 기대서니
산마루 바위 위로
흰 구름이 한가롭게 떠 있으니
저 순박함을 마음에 담고 싶네

빈 망태기 짊어지고 떠돌던
지난 세월 돌아보고
내려놓았던 허무를 다시 마시며
고적한 산골 고향집 빈 마당에
홀로 앉아 콧노래를 불러본다

4부

새들과의 이별에 대하여

여백

흘러간 세월을 돌아보며
빈 운동장 느티나무 그늘에 앉았다

이층 음악실에서
피아노와 단소가 부둥켜안고
홀로 아리랑을 연주한다

속없이 몰려다니는 뭉게구름에
시선을 실어 놓고
흥얼흥얼 아리랑을 따라나선다

지나온 세월이 뚝뚝 떨어져 굴러간다
이제 어디로
어디로 가야 하나
홀로 아리랑

내게 남은 마지막 계절을 열어 보며
구겨진 세월들을 찬찬히
헹구어 본다

새들과의 이별에 대하여

원래 나의 마당이
그렇게 반들거리지는 않았다 해도
맑은 공간이었는데

날마다 날아오던 새떼들 떠나가고
묵은 풀씨들이 마당을 덮고 있어
고독을 깊게 하네

누가 이처럼 텅 빈 낡은 마당에
그리움을 가지고
찾아올 것이라고 기대하는 내가
어리석긴 하지만
쓸쓸함은 피할 수 없는 게 사실이다

그 많은 그리운 이름들을 떠올리며
나 홀로 새벽 빈방에서
때로는 아침 식탁에서
그들의 이름자를 그리워하며 불러 볼 뿐
내려가는 길은 원래 혼자 가는 법인가 보다
나의 빈 마당이 주는

이 허전한 그리움이여!
그리운 새들이여!

함께한 가치들
−떠나고 나면 그리워지는 것들에 대하여

가치 있는 것만이 소중한 것은 아니다
그대와 함께한 모든 것들이 다 소중한 가치이다

아침에 떠서 저녁에 지는 해
밤하늘의 달과 별
무심히 지나가는 바람
지고 피는 들판의 꽃
손잡지 않고 걷던 그해 겨울 바다라도
흘러가 버린 강물이라도
그대와 함께했다면
그 또한 소중한 가치일 것이다

운동장에 생멸하던 잡초 한 포기
혼자 근엄하게 수십 년을 펄럭이는 태극기
교실 뒷벽에 고독하게 붙어 있는 급훈이
그대 눈 안에, 마음속에
그대와 함께한 적이 있다면
그 또한 그대의 버릴 수 없는 가치임이 분명하다

책상 위 한 권의 책, 한 자루의 볼펜, 낡은 칫

솔 하나
  점심시간 그대의 식판은
  이제, 누구의 자리에 놓일까
  그 수저는 누구의 손에 들려질까
  그대와 함께한 이 모든 것들
  그 모두가 다 가치인 것을
  살아 있는 가치인 것을

  옆 사람, 앞사람, 건너편 사람, 옆방 사람
  모두가 인연일진대 모르고 산 시간
  때로는 침묵으로, 때로는 벌 떼처럼
  아픔으로, 슬픔으로, 기쁨으로 몰려와서 함께 하다 떠나간
  그 많은 아이들의 흔적들
  그들의 눈빛, 그들의 웃음, 그들의 이야기, 그들의 마음
  이 모든 것들이 한 인생의 가치인 줄 모르고 살아온
  지난날을 철없이 훌훌 벗어 버린 당신이 안쓰럽다

  어리석어, 아주 많이 어리석어
  모두와 헤어지고 모두를 잃고 난
  노을이 서러운 어느 저녁나절에

창가에 우두커니 서서
그 소중함이 들어 있던 가치들을
아쉬워하는 당신을 보고 싶지는 않다

우리는 늘 그렇다
함께 있을 때의 가치와 소중함을 떠나보내고서야
한숨 쉬며 그리워하곤 하지

스승의 길 1

빈 하늘에 뜬 풍선 같은 날
바람을 두려워하랴만
양심의 그 간절한 소리
거절할 수밖에 없는 오늘
누가 스승이랴
구겨지고 찢어진 가르침
버려진 가구처럼 말을 잃고 서 있다

꽃은 피어나되 향은 잠들고
하루의 선생은 차고 넘치나
스승 하나 없으니
늙은 나무 아래 혼자 앉아
텅 빈 운동장 바라보니
마음 눕힐 곳 없어
허전하고 허전하다

스승으로 가는 길
가물가물 꼬리만 보이나
나는 가리라
거짓 없이 가리라

스승의 길로

스승의 길 2

그대가 하시는 일
가만히 보고만 있어도 행복하다
말해 주시던 그 소리가 그리워
가르침은 고급 만년필로 줄 긋고
나발 불어 되는 것이 아니란
철학을 품게 되었지

고요한 맑은 바람 되고 싶어
여윈 손 흔들며 정을 나눈 그 시절
아이들 품어 주고 동료에게 정을 주고
잘나고 못나고 차별도 구별도 하지 않는
그 마음 알아주심

모든 욕심 내려놓고 걸레질을 해 온 날들
힘은 위로 오르는 데서 발(發)하지 않고
아래로 내려오면서 승(乘)함을 깨우치고
세상을 다 품고 가길 작정하며 건너온
그날들이 고마워
남은 길 변치 말고 가야지

비는 언제

여중 3학년 2층 교실
아이들은 국어 문제를 풀고
감독이 되어 창가에 서 있다
일 년에 네 번, 이때가 좋다

많은 생각을 할 수 있어서
아이들 하나, 하나를
찬찬히 훑어볼 수 있어서

귀여운 천사 같은 아이들
말없이 홀로 이름을 새겨보니
숨 막히도록 귀엽다

정인이의 일기장에
제 짝과 마주친 눈길로 한나절 내내
가슴 벌렁거렸다는 기록이
갑자기 생각나 소리 없이 웃었다

창가를 내다보니
봄비가 바람에 실려

주룩주룩 쏟아지고
장미꽃 고개 숙여 흐느낀다

비는 언제쯤 그치려나

착한 나무

아이들 고운 얼굴 사진 찍어
교실 벽에 달아 주고
명심보감 줄줄이 붙여 놓고
김춘수 님의 시
꽃
서정주 님의 시
국화 옆에서
정지용 님의 시
향수
성길사한의 어록도
게시판에 붙여 준다

아이들을 위하여 마음을 열고
나를 내어 주는 것은
자신을 행복하게 하나니
나는 오래오래
아이들을 위한
변치 않는 착한 나무

공산(空山)

이제는 네게 해 줄 말이 없다
너는 이미 나의 산을 다 올라 버렸고
나는 텅 빈 공산이다
청춘을 벗어 준 나목(裸木)의 숲
보름달이 되어 지나가는
너를 보았다
황악산 깊은 곳에
숨어 크던 초승달이
보름달이 되었구나
고운 네 모습 그려 보니
나는 강이고 너는 나를 지나가는
배가 되었네
너의 흔적은 내가 품고 있으니
훨훨 대륙으로 가거라
먼 후일 어느 날
널 만나면 함께 공산 한 번 걸어보자

5부

아직은 아니겠지

낙원 가는 길

하늘은 파랗게 맑고
흰 구름 춤을 추는 날
문득
코스모스 수줍은 미소를 만나면

남의 옷을 벗어 놓고
남의 이름도 내려놓고
저마다 다채색 보자기를
펼쳐 놓은 곳이 있다

해인이네 마당에 석류가
환하게 웃는다거나
승규네 줄 국화가
담장을 넘었다거나
해우네 바둑이가
아기를 낳았다는

이런 저런 고운 이야기들이
스스로 익어 노래가 되어
흐르는 곳이 있다

오늘 밤
하던 일 접어놓고
오신 이여

달빛에 걸어 놓은 고운 심성
천사들의 맑은 품에 맡겨 버리고
겸손한 마음으로 스스로를
정화하여 영원한 안식처
평화로운 낙원으로
함께 가게 하소서

울지 마라 그대여

바다 같이 깊은 정
하늘처럼 맑은 마음
봄볕 같이 포근함
서리처럼 매서움
벼락같은 단호함
현미경처럼
읽어 내는 심안으로
진리, 정의, 사랑을 비벼서
지성을 뿜어내는
그 품
순수를 심어 물을 주고 거름을 주어
가꾸고 가꾸는
소금이신
그 품에 안기면
깊은 밤 아득한 곳에서
흔들리는 그림자 위에
별빛 한 줄기 내려오고
시간의 껍데기에 싸여 있는
그리움들은 몸부림을 치는데
닫힌 문은 열리지 않고

휘이, 휘이 어둠을 저어내며
눈물 닦는 야윈 손 멀어져 가네
울지 마라, 그대여!

맑은 숲길로

하얀 안개
몽실몽실 곱게도 피어오르는
고요한 아침 연못 위로
금빛 왕관 머리에 쓰고
은빛처럼 고운 옷
단정히 걸쳐 입고
정갈한 선녀가 미소 지으며 내려와
맑고 밝게 웃더니
하얀 손 내밀어 내 손 잡아 흔들며
파란 하늘로 훨훨 날아오르네
깜짝 놀라 눈을 뜨니
그 선녀 천사되어 내 앞에 서 있네
고운 손 내밀어 내 손 잡아 일으키고
영원한 동반자가 되자며
맑고 고운 숲길로
살랑살랑 춤추며 인도하네

개미들의 승천

해가 뜨는 아침마다
해가 지는 저녁마다
색색의 옷을 입은
개미들이 몰려들면
별들이 문을 열고 불을 밝힌다
개미들이 가득 차면 문은 닫치고
피아노가 청아하게 노래를 하지
개미들은 손을 모아 눈을 감고
음악이 그치면 그분이 내려와
개미들을 품어 주신다
개미들 고개 숙여 묵상하면
밀떡 하나 먹여 주시고
두 팔 벌려 품어 주신다
그분은 환하게 웃으시며
손 흔들며 하늘로 오르시고
개미들 감동하여 그분 따라
떼를 지어 훨훨 날아오른다

아직은 아니겠지

혼자 서 있는 저 외로운 나무
날마다 피를 달여 향을 주시고

부질없는 세월에 목숨을 던진
노예 전사를 위한 위령가를 불러 주니

한 시절 속절인 흔적
겨울이 오면 들판에 한 줌 재로 뿌리고
사바에 몸 던지라니
그 말씀을 담아 둘까

새벽에 일어나
길 찾는 너의 거친 숨소리 들이마시니
찬바람이 무릎을 타고 기어오르고
맞물려 꼬인 새끼줄이
나 때문에 되풀릴까 두렵다

패자의 추억으로
숨겨 둔 일기장을 뒤지며
지난날을 돌아보며 창문을 열었더니

이름 모를 꽃 한 송이 웃어 주네
시간은 남아 있는데

아직은 아니겠지

묵상

아침이면
늘 다시 일어나고 싶었고
언제나 목이 칼칼하였지
꼭 한번은
당신의 탕 속으로 걸어 보고 싶어서
저녁이 되면
쓰러지는 낙조를 지켜보며
이 아름다운 세상을 노래했지
진실로 평화이신 당신
오늘 밤에는
당신을 뵙게 하소서
한밤 내내
소리 내어 펑펑 울어 보고 싶구려
그 질긴 악연의 끈 다 풀어 버리고
훌훌 벗은 자유의 여신이 되어
고운 천사의 옷 한 벌 갈아입고
그대를 따라 나서고 싶어
조용히 눈 감고 묵상한다오

안국

젖은 바지 자락을 끌며
당신의 문고리를 잡고
부끄럽게 서 있습니다

소리 없이 울고 또 울고

별 지는 시간에 혼자 일어나
묵주를 헤아리니
뚝뚝 장미 꽃송이 떨어집니다

무거운 침묵 홀로 지시고
한결같이 속아 주시는
그분

아무리 되씹어도 새김질 되지 않는
부패한 먹거리들
토해 내는 역겨운 향

받아 주심
씻어 주심

닦아 주심

일출을 기다려
툭툭 털고 일어나
그 맑은 안국으로 가고자 하니
이 몸
좀 받아 주소서

용서의 잔

그분이 천천히 내게로 걸어오시더니
고운 손을 내미시며
일어나라 하신다
나는 일어나지 않았으나
그분이 빵과 술을 내미신다
받아먹어라
아닙니다
굶겠나이다
용서하소서
이대로 떠날 수 없나이다
그분은 소리 내지 않고 웃으시며
그래 사랑은 아름답지
사랑하라
아름다운 사랑을 하라
너의 마음이 열리는 날
그와 함께 이 빵과 술을 먹고 마셔라
용서의 잔이다

그분

아득히 잊혀진
갯가의 풀꽃이었던
그분

노을 빛 고운 아침
강가에 앉아
손을 씻던
그분

홀로
숨어
몰래 오신
그분

내 빈방으로
쪽문을 열고
살며시 오신
그분

미리내 동산

미리내 동산에서
대건 신부 발목뼈 바라보면
맑은 미소 품어 안고
손잡고 걷고 싶다
희로도 애락도 타는 단풍이요
삶도 죽음도 지는 꽃잎이어라

고개 너머 또 고개
강 건너면 또 강
비 오고 바람 불고
걸레 같은 나의 마음
씻어 줄 곳 어디엔가

정은 살아 청산에 거닐고
미움은 죽어 허공을 떠도네

유랑인

소돔 성을 돌고 돌아
허기진 모습으로
두 손 모아 묵상하니
자비하신 모습으로
밀떡 하나 주시나니

실로 고단백질
영원토록 변치 않는
거룩하고 위대하신 몸
송두리째 내어 주심

이념도 벗어 놓고
언어도 잠궈 놓고
광대 같은 유랑인
다 받아 주시는 그 마음
영원토록 품고 갈게요

나서지 마라

나서기보다는 차라리 침묵하라
나서면 한 송이 꽃을 받고
아홉 개의 화살을 받는다

그래도 힘들거든
독을 빼고 그윽이 바라만 보아라
가슴을 오물통으로 만들어
다 받아 담기만 하라
절대로 돌려주지는 마라
밤늦은 시간에 마음을 닦고
온종일 받은 오물통을 비워라
그리고 말끔히 닦을 일이다
침묵도 말이다
말의 외출을 막아라
그러나 잡아 두지는 마라
언젠가는 나가는 법이니까
그냥 먹어도 소화시켜 버려라
나중에 분뇨(糞尿)가 되어 흙으로 돌아갈 테니
독이 있는 말도, 오물통에 썩어 있던 그 말도
거름이 되어 생명을 만드는 선(善)이 되어

환생(還生)하게 되리라

그윽한 목언(目言)도 좋고
따뜻한 심언(心言)도 좋고
소리 없는 소언(笑言)도 좋으니
이 모두 청정(淸淨)한 언어이기 때문이니

나서지는 마라

6부

아름다운 승천

아름다운 승천

어버이날
새벽 창가에
두 손으로 턱을 괴고 우두커니 앉아
아버지를 불러 본다

그해 오월 단옷날 새벽
아버지는 나를 부르셨다
원아
내일 학교에 안 가면 안 되겠느냐
나는 그러겠노라고 대답을 올렸다
아버지는 이내 말씀을 바꾸셨다
아니다
갔다가 좀 일찍 오너라
당신은 이미 때가 되었음을 아신 듯하였다
잠시 눈을 감으시더니
나를 일으켜라
아버지는 화장실로 가셨다
그리고 오래 나오시지 않았다
나와 아내는 걱정이 되어 화장실 문을 두드렸다
화장실은 잠겨 있었고

아버지는 낮은 목소리로 말씀하셨다
다 됐다
한참 후 아버지는 몸을 깨끗이 씻으시고 나오셨다
얘들아 이제 걱정 안 해도 된다
내가 다 토해 내고 씻어냈다
아버지는 말년에 황달로 고생하셨다
독자인 내가 늘 안쓰러웠던 아버지는
황달로 죽으면 진물이 나와서 내가 고생을 할까 봐
늘 염려하시곤 하였다

아주 편안한 얼굴로 자리에 누우시더니
눈을 껌뻑이시면서
그윽이 우리 내외를 바라보시더니
고맙다
참 잘 살다 간다
너희가 있어 참 행복했다
후회는 없다 하시며 나직이 말씀하시고
잠시 우릴 바라보시더니
조용히 눈을 감으셨다

우린 아버지의 손을 잡고
서럽게 울고 또 울었다

내 아내를 끔찍이도 사랑해 주시던
두 손주를 그렇게도 애지중지하시던
고마우신 나의 아버지
아버지 죄송해요
미안해요
천국에서 행복하게 지내시라고 기도하였다
너무도 평화롭게 승천하신
나의 아버지
그립습니다

속죄

언제나 마음으로만 말씀하시던
아버지가 그립다

장대비 속에 모내기를 마치고
밀짚 우장 속에 앉아
젖은 풍년초를 말아 피시며
그윽한 눈빛으로 바라보아 주시던
그 아버지가 간절하게 생각난다

살아생전에 고운 말 한마디
올리지 못한 불효자
입술이 한스럽다

이순을 향하여 걸어가는
이 발걸음 너무 무거워
정담 한 번 나누지 못한 불효가
아쉬움으로 부풀어 오릅니다

바람 든 무 같은 날
아버지 그 말 없으심이

제게 다시 일어나게 하는
기도이오니

무심히 달아나는
구름을 쫓아 허덕이는 오늘
아버지 함자를
마음속으로 모셔다가
그냥 한번 실컷 울고 싶어요
속죄하면서

어머니

명주실 촘촘히 엮어
비단옷 짜 가지고
못다 드린 사랑
시 한 소절, 수를 놓아
옷 한 벌 지었으니
달빛 고운 밤에
한 송이 연꽃으로 오소서

앞산에 그림자
노을에 밟혀 오면
사무치는 그리움
한이 되어 쌓입니다

잠 못 드는 밤이면
당신 사랑 그리워
연못가에 왔으니
이 옷 입고 가소서

당신

파란 하늘 아득히
한 점
점이 되어
머리 빗고 떠나간
당신

늦가을 저문 산마루
비켜 가는 바람 되어
뒤돌아 손 내밀던
그리운
당신

노을빛 고운
강나루 언덕에서
문득 마주한
하얀 연기 같은
당신

편지

오랜 침묵 속에 숨어 살던 대금이
서럽게 울던 그날 밤
보내온 편지를 열었더니
'그대는 나의 영원한 영혼'이라 적었습디다
삼월의 아침에도 하얗게 서리 내리고
나는 논둑길을 걸으면서
그대의 깊은 정을 다시 느꼈다오
편지는 내게 무엇인지
까닭 없이 주루룩
눈물이 흘렀다오
나의 영원한 그리움의 샘이신 그대
이제 막 자리를 털고 일어난
노목을 찾아갔더니
그대는 이미 나목이 되어 우두커니 지켜보며
편지 한 장 손에 들고
두 팔 벌려 안아 주던 그 모습이
내안에 살아 있다오

전깃불은 나가도

비 오는 초여름 밤
창가에 우수(憂愁)에 젖은
라일락 도톰한 입술 위로
흐르는 빗소리
잠든 향수를 깨운다
예고 없이 전깃불은 나가고

잠시 적막함을 체험하며
아내는 하얀 양초에 성냥을 그어 대니
까만 우주 속에 별 하나 뜨고
밤비는 신이 나서
양철 지붕을 타고 내려온다

그날 밤 아내는 함박꽃처럼 우아했고
두 아이는 이슬처럼 고왔다

세월은 그렇게 흘러
지천명에 이르러
두 손 잡고 누워서
지나간 세월 돌아보며

옛 노래를 불러 본다

고향의 봄, 과수원 길, 은하수,
찔레꽃, 산 너머 남촌에는
대전 블루스, 엄마야 누나야
추억의 백마강, 클레멘타인,
바위고개, 얼굴, 희망의 나라로

비 오는 초여름 밤
전깃불이 나간 밤
별은 추억 속으로 떠나고
한방 가득 행복으로 밤은 깊어 간다
전깃불은 나가도

프란치스꼬 살레시오

새벽에 일어나
비로소 너의 입영 통지서를 읽어 보았지
무관심이 아니고
이별의 문을 열기 싫어서
문득,
오래 입던 옷이 갑자기
몸에 맞지 않음을 깨닫게 되었고
나는 더 이상 네가 입기엔
너무 작은 옷임을 인정하게 되었지
눈먼 자의 사랑이 내게도 있어
아침이 오면 둥지를 떠날
너를 생각하니
아!
하느님의 은혜라고
하늘을 향해 감사하던
일구칠삼년 팔월 마지막 주일의
구정골로부터
꿈처럼 흘러간 이십 년의 날들
하나하나 떠올리니
너를 향한 애정이 눈물 되어 흐르네

프란치스꼬 살레시오

논산 가던 날

아직은 바람이 매운
이월의 마지막 날
살아서 네 모습 다 보았다며
흐느끼는 할머니 앞에
하직의 절을 올리던
너의 앙상한 목줄기를 보며
우리 내외는
소리 없이 눈물을 흘렸다
논산 가는 버스표를 예매하던
그저께까지도 담담했는데
이별의 날 아침 여섯 시
대구역은 바닷속 같이 깊었다
기사가 시동을 걸고
하나 둘 차에 오를 때
어미와 아들은 부둥켜안고
떨어질 줄 모르고
나는 하염없이 하늘만 쳐다보았다
흐르는 눈물 때문에
이 모습 보이지 않으려고
무심한 버스들은 꼬리에 꼬리를 물고

논산 훈련소로 떠나는데
창문을 열고 손 흔드는 널 볼 수 없어
하염없이 눈물만 흘렸지
막내아들 논산 가던 날

그냥

눈물 젖은 쪽지 한 장
네 잠든 가슴에 얹어 두고
그냥 떠난다

낯설고 물설고
너 또한 설었던
기나긴 세월의 끈
이제 다 풀었는데
손 한번 못 잡아 주고
그냥 떠난다

언제나 무거웠던 이 짐
이제는 내려놓고
더 낮은 곳으로
더 맑은 곳으로
제비꽃 소복이 엎드려 핀 나라
그런 난쟁이 마을로 가고 싶어
그냥 떠난다

다시는 못 떠날 집을 지어

사립문 활짝 열어
파란 깃발을 내다 걸고
내내 너를 기다리고 싶어
그냥 떠난다

취나물

늦은 가을 아침
식탁에 앉았다.

온 여름 내내 제 몸을
까맣도록 비틀고 말려서
여기까지 왔으리라.

참기름을 바르고
새 하얀 접시에 다소곳이 앉아서
실눈으로 쳐다본다.
오빠
나, 옥이
알지.

울컥 목이 잠긴다.
지난 봄 강원도 어느 어느 산골을
헤집어 얻어온
취나물
어언 지천명의 산을 오르고 있는
막내의 가슴 시린 소녀적 사연이

오늘 아침을 흔든다.

참으로 오랜 세월
우리는 묵묵함으로
여기까지 왔다.
겨울 산길에 쓸려 다니는
낙엽의 사연처럼

취나물이 되어
내 앞에 앉아 있는
막내 옥이

| 해설 |

다양한 형상과 다채로운 색깔로 그려진 구도자의 초상

– 모세 구자원 시인의 시세계

김종섭
(시인·한국문인협회 부이사장)

1. 머리말

  시를 만남은 언제나 설레는 첫사랑의 마음이다. 구자원 시인의 70편의 시를 한꺼번에 만난다는 것, 누구에게도 전모를 드러내지 않았던 처녀작들을 맨 처음으로 접할 수 있다는 건 기쁨이고 행운이다. 결코 적지 않은 작품들을 한 편, 한 편 정독하면서 내가 인지한 바는, 그의 시적 소재가 매우 다양하다는 것이다. 그것은 그만큼 삶의 경륜이 두텁고 견문의 폭이 넓고 다양함에 기인한 것이라 하겠다.

70편의 시들을 그 주제별로 나누어 보면, 1부 생존의 의미를 드러낸 시, 2부 자연의 섭리를 다룬 시, 3부 유년을 회상한 시, 4부 교육의 즐거움을 노래한 시, 5부 신앙의 시편들, 6부 혈연의 사랑을 읊은 시 등으로 구성되어 있다.

시인의 창작물은 그 시인의 경험과 삶의 환경이 영향을 끼친 결과물이라 볼 때, 구자원 시인의 적지 않은 시들은 바로 구 시인의 인생의 피와 땀과 눈물이 만들어 낸 생(生)의 향수(香水)가 아닐까? 아무튼 이들 시편들에서는 한 시인이 살아온 삶의 족적이 고스란히 드러나며, 그 삶의 두께가 집적된 영상으로 우리에게 조용히 다가오고 있는 듯하다.

구자원 시인은 이순의 중반을 넘어 종심을 바라보는 분으로, 반평생을 오로지 교단에서 후학들을 가르치며 교육자로 깨끗하고 올곧게 살아온 분이다. 더불어 젊은 시절부터 천주를 받들고 섬기며 신앙심을 다져온 성도이기도 하다.

2. 생존의 의미를 찾아

제1부 '뿌리의 독백'에는 표제시를 비롯하여 모두 15편의 시가 들어 있다. 이들은 공통적으로 시인 자신의 '생존의 의미'를 주제로 한 것들인

듯하다.

이순의 중반에 다다른 구자원 시인의 인생에 대한 태도를 상징적으로 보여 주는 시편들이다. 그의 인생관이랄까 세계관은 자연의 섭리를 존중하고 순응하는 데 있는 것 같다. 작은 인연도 소중히 여기고, 이웃들과 인정을 나누며 살아가는 인간애를 가치롭게 생각하는 휴머니스트로 다가온다.

이처럼 진지하고 성실한 자세를 견지한다고 해서 시인을 '운명론적 인생파'로 치부해서는 안 될 것 같다. 그의 내면에 강렬한 생명의지가 끓고 있음을 감지할 수 있는 작품들이 심심찮게 섞여 있다. 먼저 시집의 표제가 된 작품을 읽어 보자.

굽은 허리를 펴고/찌든 잡초 밭에 불을 질러/질곡의 늪에서 빠져나오던 함성/하늘에 가득 찼더니/이제 꿈속에 묻으라네//억장을 뭉개 새겨 놓은/전사의 위대한 시구(詩句)는/어느 늑골 한 마디에 새겨 두라네(……) 잿빛으로 갈아입은 어둠 앞에/복종하는 색맹(色盲)들이 부산하다/비석(碑石)은 결코/비석(飛石)이 되지 않는다//깃발은 흔들 때 힘이 있다
  　　　　　　　　－「깃발은 흔들 때 힘이 있다」 부분

이 시는 시적 자아의 자기실현 의지가 표출된

작품으로, 은연중에 시인의 외유내강의 기품을 드러내고 있는 작품이 아닌가 여겨진다.

여기서 소재로 등장하는 '깃발'은 강렬한 의지의 표상인 동시에 시적 화자의 이상을 상징하는 대상물이기도 하겠다. 그러나 아무리 그 '깃발', 즉 이상이 크다 하더라도 '흔들지 않는다'면, 즉 실천하지 않는다면 이는 아무런 가치가 없는 허상에 지나지 않을 것이다. 깃발은 흔들 때 그 존재의 이유가 나타나고, 이상은 실천으로 구현할 때 그 진정한 의미가 빛나는 것이다.

아무튼 시적 화자는 힘차게 깃발을 흔드는 기수로 살기를 희망한다. 그리하여 자신은 식물처럼 붙박혀 있는 '비석(碑石)'이 아닌, 자유의지를 가진 새들 같은 '비석(飛石)'이 되고 싶은 것이다.

깊은 밤 차창을 따라나서는/지울 수 없는 그리움이/길목에서 맞아주니/그건/가야할 길이 남아 있다는 거라네.
　　　　　　　　　　　　　　　－「길목에서」 후반부

그냥 한번/웃어 주고/울어 주고 편하게 가시게
　　　　　　　　　　　　　　　－「웃고 울고」 후반부

너의 그 차(茶) 한 잔으로/나는 아름다운 낙원으로

왔다//아무것도 줄 수 없는 나에게/따뜻한 마음으로 건네준/차(茶) 한 잔은/나의 꿈을 일구어 주었다
- 「차(茶)」 전반부

「길목에서」는 '인생은 나그네 길'이라는 속언처럼, 숙명으로 살아가는 우리들 삶의 모습과 태도를 진솔하게 보여 준다. 여행 같은 인생을 '행복'해 하고, '사랑'스럽다고 전제하며 "지울 수 없는 그리움이 길목에서 맞아주는" 가야할 길을 기쁘게 가야할 것 같다.

「웃고 울고」는 "헛웃음 맑은 하늘로 날려 주고, 시린 눈물 맑은 개울에 뿌려 주며", "그냥 한 번 웃어 주고, 울어 주고" 자연에 순응하며 살아가는 삶을 일러주고 있다.

「차(茶)」는 '차'라는 매개를 통해 인연의 소중함을 깨우쳐 주고 있다. 그러나 여기서 '차'라는 소재는 너와 나의 인연의 끈인 동시에 '아름다운 낙원', '따뜻한 마음', '설레는 꿈'의 대유물이기도 하다. 시적 화자의 사물에 대한 긍정적인 인식을 짐작하게 한다.

폭풍 속으로 걸어가는/사람들의 이웃이 되어/가장 작은 것들에서부터/가장 소중한 것들까지/함께 나누며 살아가는/마음의 집을 짓자

― 「마음의 집」 후반부

　산처럼이라고/그렇게 맘대로 말하지 마라/바람, 구름, 물이 다 함께 엮인 세상이다
― 「상상화(想像畵)」 후반부

　검은 양복 위로 히죽히죽/삐쳐 오르는 모가지에다/붉은 넥타이를 매는/이토록 질긴 당신을/차라리 품어야 할까 보다
― 「애증에 대하여」 후반부

　「마음의 집」은 "태양처럼 당당하게" 살아가겠다는 시적 화자의 다짐이 엿보이는 아포리즘적 작품으로, 자신만의 집이 아닌 작은 것, 소중한 것까지 함께 나누는 집을 짓겠다는 '박애' 정신이 드러나고 있다.
　「상상화(想像畵)」는 대상, 즉 자연을 바라보는 화자의 관점과 태도를 보여 주는 작품이 아닌가 한다. '바람'을 텅 빈 자유로, '구름'을 허심한 무욕으로, '물'을 소리 없이 우는 떨림으로 그려 내며, 마침내 '산'은 이들이 함께 엮인 세상으로 보면서 쉽게 자연을 대하는 인간의 경박함을 경계하고 있다. 개개의 사물을 정확히 보는 안목과 함께 '나무'만이 아닌 '숲'으로 볼 줄 아는, 넓고

균형 잡힌 시야를 가져야 한다는 것을 일깨워주고 있다.

「애증에 대하여」는 구자원 시인의 대부분 시들과는 달리 시어의 구사나 표현기법이 다소 도발적(?)이어서 도리어 관심을 갖게 하는 매력 있는 작품이다. "인생의 출구를 헤매며 떠도는 유랑자"라든가, "차가운 바닥을 핥으며 누추한 가슴에 애증을 숨기고, 작부처럼"이라든가, "검은 양복 위로 히죽히죽 삐쳐 오르는 모가지" 같은 것이 그것이다. "부서진 바람"이나 "붉은 넥타이를 매는 당신"은 분열된 자아, 혼재된 자의식이며 결국은 모두가 변형된 시적 자아의 자화상에 다름 아니다.

3. 자연에 대한 경외 또는 친화

제2부 '해는 다시 뜨는데'에는 '자연의 섭리'를 주제로 한 11편의 작품으로 엮어져 있다. 예로부터 우주의 삼라만상, 모든 자연물들은 예술의 기본적 오브제로 등장했다.

일반적으로 항구성, 불변성, 불멸성 등을 자연의 속성으로 생각하고 있다. 그래서 자연은 인간이 정신적인 차원의 존재로까지 친화력을 갖고 있었다. 이런 보편적이고 전통적인 자연관 속의 자연은 사랑과 평화와 질서의 감각을 인간에게 부여했다고 보고 있다.

우리는 흘러가고자 한다./두꺼운 콘크리트 벽을 허물고/명쾌하게 흐르고자 한다 (……) 그러나 우리는 흘렀다/물밑이 조금씩 보이기 시작하였고/들풀이 춤추는 모습이/강물에, 푸른 저 강물에/그림자로 선명하게 보이기 시작하였다 (……) 숲이 썩어/꽃잎과 들풀이 썩어/강물 되어 피를 걸러 낸/이 새로운 물줄기를 따라/우리는 쉼 없이 흐르리라
- 「강물처럼」 부분

오늘은 하늘을 봐야겠다/그리고 흐르는 구름을 따라가 봐야겠다//해 질 녘에 서라벌 외진 들녘을 걸었다/비 온 뒤의 하늘은 깊고 곱다/장밋빛 서천(西天)에 초여름 햇살은 한없이 너그럽다. (……) 때로는 잡초라는 이름으로/때로는 들풀이란 이름으로/묵묵한 개망초/그 맑은 눈빛으로 하늘을 본다
- 「지천(地天)의 조우(遭遇)」 부분

이 두 편은 시인의 등단작으로, 신인으로서의 참신한 목소리와 뚜렷한 주제의식을 보여 주고 있다. 전자는 환경오염으로 인한 자연의 황폐화에 대한 경각심을 불러일으키고, 후자는 '지천의

조우'라는 음양의 원리에 따른 완벽한 자연의 조화 내지 합일을 '개망초'와 '하늘'을 통해 보여 주고 있다.

  안개에 감싸인 새벽 산사/맑은 풍경 소리 그리워/눈을 감는다//하얀 눈 폴폴 내리는 신새벽/산길을 조곤조곤 걸으니/뽀드득 뽀드득/고운 소리/털신을 타고 올라오고
-「명상」 전반부

  빼곡히 눌러 붙은/시간의 주검을 밟고/찾아온 들꽃/선뜻 손 내밀지 못하는/이 속내를 알까
-「묵은 뜰에 꽃이 피다」 부분

  시내에 들면/맨발로 시내에 들면/색깔 없이 슬프다./건널 수 없는 하늘에/구름을 밟고 서면/낡은 가슴이 출렁인다.
-「시내에 들면」 전반부

  아무것도 걸치지 않고 맨발로 걸어가는/원시림의 이브를 보았다/하얀 유리구슬 같은 아침 이슬 앞에 앉더니/눈으로 화장하는 그 모습에/나는 사라지고 없었다
-「원시림(原始林)」 전반부

비어 있는 내 마음에/향수가 찾아드니/나, 무명초 한 포기 되어/풀밭에 내려앉아/시나 한 소절 쓰고 갈까나

－「풀밭」 후반부

예시한 작품 중 「명상」은 자연에 동화된 물아일체경을 읊은 것으로, 「원시림(原始林)」도 여기에 해당된다. 「묵은 뜰에 꽃이 피다」는 생명체에 대한 신비감과 경외심 그리고 자연 친화를 노래한 것이고, 「시내에 들면」 역시 자연에 대한 경외감을 드러내고 있는 동시에 존재의 한계에서 오는 비애를 토로하고 있다. 「풀밭」은 자연과의 교감을 읊고 있다.

그대는 영락없이 포근한 여인/볼록하게 솟아오르다가/부드럽게 흘러내리는/물결 같이 아름다운 가슴/다독이며 안아주시는/정숙한 고향 산

－「봉화산」 전반부

희미하게 일렁이는 옥포 자락이/아득히 멀어져 가더니/잠시 돌아서 야윈 손 흔들며/안개 속으로 사라져 간다./해는 다시 뜨는데

－「해는 다시 뜨는데」 후반부

전자가 자연의 생명감을 관능적으로 표현한 것이라면, 후자는 자연의 영원 불멸성을 표출한 시이다.

4. 회상의 강을 따라

제3부 '유년의 회상' 시편에는 「익명의 숲」을 포함하여 14편의 시가 묶여 있다. 회상의 작용으로부터 현재에서 과거까지 그 역순으로 차례를 매겨 둔 듯한데, 그 순서를 따라 살펴보자.

구정골 흙 담장을 돌아서/골목길을 따라가면/오른편에 도천댁/왼편에 파계댁/맨 안에 원촌댁이 있고/허물어진 담장 사이에/늙은 감나무 한 그루 서 있다 (……) 파계댁 둘째 딸/달분이 동생 별분이/뚫어진 담 구멍으로/남 먼저 기어 나와 (……) 감꽃이 필 때면 (……) 여덟 살,/별분이 소식 궁금하다

— 「감꽃」 부분

유년시절의 아련한 추억이 아침 햇살처럼 떠오른다, 마치 한 폭의 수채화를 보듯. 시인과 동시대를 살았던 이들이라면 그 어려운 보릿고개 '감꽃'을 줍던 가난의 아름다움이 아롱아롱 맺혀질 것이다.

깜장 고무신 무명 치마/하얀 저고리 차려 입고/머리 위에 따뱅이/그 위에 옹가지 얹어 이고/살랑살랑 엉덩이 흔들며/샘가로 물 길러 가던 모습 (……) 섬섬옥수 그 고운 손/청순하고 맑은 웃음 잃지 않던/은경이 그립고 그립다

- 「은경이」 부분

흑진주 같은 머릿결/백옥 같은 얼굴에/초롱초롱한 눈망울/살구꽃잎 같이 여린 입술 (……) 파란 하늘 저 멀리서/웃어 줄 것 같은/열다섯 어린 나이/살구꽃 같은 나이에/머나 먼 그곳으로/스스로 떠나 버린/둘남이

- 「살구꽃이 피면」 부분

이제는 말하고 싶다/동무야/넌 참으로 순박한 한 송이 꽃/연분홍 입술에 분홍 고름을 문/맑은 나의 꽃/철없는 소년인 나에게/밤마다 찾아와 별을 뿌려 주었지

- 「동무야」 부분

위의 시편들을 읽노라면 자신도 모르게 어린 시절로 돌아가 순진무구의 동심에 젖게 되고, 자신이 시의 주인공이 된 듯한 착각에 빠진다. 마치 소년기에 감성을 자극했던 황순원의 『소나기』 속 주인공이나 알퐁스 도데의 『별』의 주인공을

만난 듯이 시적 자아와의 교감을 맛본다.

  이러한 '조용한 회상'의 연장선상에서, 구 시인의 대표적 연시(戀詩)라 할 수 있는 작품이 바로 「익명의 숲」이 아닐까 해서 군더더기가 될 설명은 접고, 그 전문을 소개한다. 아마 모든 독자들에게도 이렇게 가슴 속에 꼭꼭 숨겨두고 싶은 '익명의 숲'이 하나쯤은 있을 거라 짐작하면서.

  안개 자욱한 숲으로 걸어가던 날/조금씩 옷이 젖어 오고 몸도 젖고/내 안에 숨죽인 그리움도 젖었다//오늘처럼 습도 높은 밤에는/싱크대도 닦고 말갛게 거울도 닦고/그와 마주 앉고 싶다//혼자 우는 밤 개구리처럼/세월이 흘러도 여전히/열두 살 때의 누나를 기다린다//툇마루에 걸터앉아/힘들고 지루해도/그냥 흘러가자/튀어 오르려 애쓰지 말자고/연필로 낙서를 했다//그리움이 우는 밤에는/행복한 꿈을 많이 꾼다/습도 높은 밤은 이래서 좋다//나의 맘속에 살아 있는/그는 나의 영원한 숲/나만의 숲/그 맑은 숲 속에 혼자 있어도/그리움이 살아 있어 행복하다

  이런 부류의 작품들로는 아래 두 편도 떠오른다.

  목화 꽃 한 송이 안겨 주며 그윽이 바라보던/창백한 눈빛 지울 수 없어/새벽바람 마시며 마당에 앉았

으니/사립문 열고 나가며 손 흔들어 주더라//그래서 눈물이 난다
-「그래서 눈물이 난다」 후반부

　이렇게 가랑비가 오는 날은/우산을 쓰지 않고 함께 걷고 싶다/팔짱을 끼지 않아도
　발끝만 바라보면서/걸을 수만 있어도 좋겠다
-「가랑비」 전반부

　영국의 대표적 낭만파 시인인 워즈워드는 그의 『서정시집』 서문에서 "좋은 기억은 과거의 체험을 인식하고, 그 과거의 체험을 보존하고, 내면화하고 재현하는 기능이다."라고 했다. 그러므로 이는 과거 지향적이고 재생적인 상상력에 속하는 기능이라 할 수 있다.
　여기 제3부에 속한 작품들은 그의 기억을 재현해 줄 유년의 '보석상자'인 셈이며, 익명으로 밀봉해 두었던 소중한 보물함을 조심스레 열어 보이는 것이다. 위에 인용한 시들은 별다른 해설이 없어도 읽는 이 누구에게나 감성을 자극할, 자신의 경험처럼 마음이 설레고 가슴이 두근거릴 추억의 한 장면이 아니겠는가?
　회상의 출발지인 현재의 시점에서 노래한, 「이제는」에서 화자는 "검은 모자 눌러쓰고 숨어 다

닌, 그 시절은 언제나 냉골이었던" 자신이 "세월이 흘러 문득 돌아보니, 긴 한숨 내쉬며 가을 길을 걷다가 돌밭에서 패랭이꽃을 만나고, 조용히 눈을 감고 스스로를 돌아본다"며 "존재의 의미를 부정했던 아픈 마음들, 이제는 다 내려놓고 혼탁했던 지난 세월 맑은 개울에 씻어 주고, 조용히 웃으면서 남은 길 가야겠다"고 다짐하고 있다.

또, 「추억」에서는 "흘러간 그 세월을 등에 업고 세월의 막 자락을 슬그머니 건너와, 잡초로 묶어 가던 옛길을 만나 솔 향을 마시며 단풍나무 숲길을 걸으니 잡목들이 낄낄대며 웃고 있네"라며 삶을 관조하는 화자의 모습을 보이면서, 드디어는 "맑은 하늘에 흰 구름 두둥실 뜨는 날 추억 속에 묻어둔 날개옷 나누어 입고 훨훨 한번 날아보세나"라며 여유로운 장자(莊子)의 모습을 보여 주고 있다. 그만큼 시인의 생(生)에 대한 오랜 경험과 학습이 집념과 체념을 넘어 무념무상의 경지에 이르려는 게 아닌가 하는 생각이 든다.

그리고 「고향집」에서는 "빈 망태기 짊어지고 떠돌던 지난 세월을 돌아보고, 내려놓았던 허무를 다시 마시며 고적한 산골 고향집 빈 마당에 홀로 앉아 콧노래를 불러본다"며 유년 회상의 안식처를 찾는 자족감과 평화로움을 보여 주고 있다.

이 모든 '회상'의 시편들은 유년시절, 그 순진

무구한 꿈과 낭만이 직조되며 마치 빛바랜 사진첩에서 찾아낸 흑백 사진처럼 아련하고 애틋한 그리움이 얼비치는 시심(詩心)들의 향연이다.

5. 가르치는 즐거움

일찍이 맹자(孟子)께서는 '군자의 인생삼락'이라 하여 그 첫 번째를 '양심의 즐거움', 그 두 번째를 '가정의 즐거움', 그 세 번째를 '교육의 즐거움'이라고 했다. 여기서 얘기하고자 하는 것은 세 번째 덕목 '교육지락(敎育之樂)'으로서, "천하의 영재들을 모아 가르치는 것이 군자의 인생에 있어서 세 번째 즐거움"이라고 한 것이다.

이처럼 '교육'을 내세운 까닭은 이 시집의 주인공인 구자원 시인이 교단에서 40년 가까이 봉직해 왔다는 사실이고, 그리하여 여기에는 그 가르치는 보람과 아쉬움과 그리움 등을 노래한 시들이 선을 보이기 때문이다.

흔히들 교직을 천직이라 하여 세인들이 부러워하는 동시에 존경과 흠모의 대상이 되어 왔으나, 근래에 와서는 '가르치는 즐거움' 대신 '가르치는 괴로움'을 호소하는 교직사회가 되어가고 있으니 안타까운 일이 아닐 수 없다. 그러나 아무리 각박해져 가는 교육 풍토라 해도 그 고충과 애로를 감내하며 올곧은 사도의 길을 묵묵히 걸어가는 참스승들이 절대다수이니 건강한 우리의 미래를 기대한다.

여기에 수록된 구 시인의 작품들을 통하여 그의 교육사상과 교직관을 더듬어 보기로 하자.

날마다 날아오던 새떼들 떠나가고/묵은 풀씨들이 마당을 덮고 있어/고독을 깊게 하네 (……) 그 많은 그리운 이름들을 떠올리며/나 홀로 새벽 빈방에서/때로는 아침 식탁에서/그들의 이름자를 그리워하며 불러 볼 뿐 (……) 나의 빈 마당이 주는/이 허전한 그리움이여!/그리운 새들이여!

- 「새들과의 이별에 대하여」 부분

졸업하고 떠나간 제자들에 대한 그리움을 노래한 시이다. 여기서 '새'는 물론 '제자'들의 은유이다. 둥지를 떠난 어린 새들에 대한 어미 새의 마음이 고스란히 전해진다. 누가 '새벽 빈방'에서 '아침 식탁'에서도 잊지 못하여 그리워한단 말인가? 이 한 편만으로도 시인의 제자 사랑을 충분히 짐작하고도 남음이 있다.

가치 있는 것만이 소중한 것은 아니다/그대와 함께한 모든 것들이 다 소중한 가치이다 (……) 흘러가 버린 강물이라도/그대와 함께했다면/그 또한 소중한 가치일 것이다 (……) 때로는 침묵으로, 때로는 벌 떼처럼/아픔으로, 슬픔으로, 기쁨으로 몰려와서 함께하다 떠나간/그 많은 아이들의 흔적들 (……) 우리는 늘 그렇다/함께 있을 때의 가치와 소중함을 떠나보내고서야/한숨 쉬며 그리워하곤 하지
― 「함께 한 가치들」 부분

늙은 나무 아래 혼자 앉아/텅 빈 운동장 바라보니/마음 눕힐 곳 없어/허전하고 허전하다//스승으로 가는 길/가물가물 꼬리만 보이나/나는 가리라/거짓 없이 가리라/스승의 길로
― 「스승의 길 1」 후반부

모든 욕심 내려놓고 걸레질을 해 온 날들/힘은 위로 오르는 데서 발(發)하지 않고/아래로 내려오면서 승(乘)함을 깨우치고/세상을 다 품고 가길 작정하며 건너온/그날들이 고마워/남은 길 변치 말고 가야지
― 「스승의 길 2」 후반부

「함께 한 가치들」은 '떠나고 나면 그리워지는 것들에 대하여'라는 부제가 달린 작품으로, 앞의 「새들과의 이별에 대하여」와 같은 주제로 볼 수 있다. 역시 제자들과의 소중한 인연을 노래하며,

"무심히 지나가는 바람, 운동장의 잡초 한 포기, 외롭게 붙어 있는 급훈이, 함께 한 적이 있다면", "그 또한 버릴 수 없는 가치임이 분명하다"라는 표현에서 화자의 진정한 교육적 가치가 무엇인가를 여실히 읽어낼 수 있게 한다. 그렇다, 사소한 것이라 할지라도 함께 한 것들의 인연을 소중히 여기는 화자의 가치관은 분명 값진 것이다.

「스승의 길」1과 2는 오늘날 어려운 교단의 여건에서도 자신을 내려놓고 묵묵히, 한결같이 걸어가리라는 화자의 사도(師道)를 엿보게 한다.

아이들 고운 얼굴 사진 찍어/교실 벽에 달아 주고 (……) 아이들을 위하여 마음을 열고/나를 내어 주는 것은/자신을 행복하게 하나니
― 「착한 나무」 부분

이제는 네게 해 줄 말이 없다/너는 이미 나의 산을 다 올라 버렸고/나는 텅 빈 공산이다/청춘을 벗어 준 나목(裸木)의 숲/보름달이 되어 지나가는/너를 보았다
― 「공산(空山)」 전반부

「착한 나무」는 학생들을 위하여 조그만 일 하나라도 솔선수범하며, 그야말로 '아낌없이 주는 나무'로서의 교사상을 보여 주고 있고, 「공산」은

'청출어람(靑出於藍)'의 제자와 자신의 모습을 각각 '보름달'과 '공산'으로 비유하며 "배가 되어 지나가는 제자"에게 기꺼이 "강이 된 스승"의 모습을 통해 참된 교육애를 보여 주고 있다.

6. 끝없는 구도자의 길

'아직은 아니겠지'가 표제로 붙은 제5부는 '신앙의 시' 12편으로 분류되어 있다. 그런 만큼 시인은 특정한 종교를 믿고 있으며, '모세'라는 세례명을 가진 성도라고 알려 주었다.

신앙생활을 하지 않는 내가 두려움을 느끼고 경외감을 가지며 대하는 시가 바로 종교적 작품들이다. 종교를 갖지 않음으로 해서 경전과 교리에 무지함이 그 첫 이유이고, 내 스스로 절대자에 대한 확신이 서지 않음이 둘째이다. 아무려나 종교적 주제를 다룬 시들은 언제나 부담으로 여겨짐이 솔직한 심정이다.

이렇다 보니 서정시, 특히 낭만적인 시들에서 나타나는 자유분방한 감정의 유로나 발현이, 엄정한 종교시에서는 억압되고 절제되는 경향이 은연중에 예견됨은 나의 과민함 탓일까?

정통적이고 세계적인 종교 가운데서도 가장 복잡하고 엄격한 의전과 교리를 가진 가톨릭이다

보니, 신앙을 주제로 한 시의 한계가 나타나지 않을까 하는 선입견을 가지고 제5부의 작품들을 조심스레 살펴보았는데, 막상 그의 신앙시 한 편 한 편들은 나의 잘못된 시각을 고쳐 주고 부담감도 덜어 주는 게 아닌가!

여타의 주제를 지닌 다른 시들에 못지않은 진솔한 서정성과 보편적 인류애를 바탕으로 한 신앙심이 담담하게 표백되어 있어 나 역시도 경건히 묵상하는 분위기에서 시상을 따라가게 되었다.

개미들 고개 숙여 묵상하면/밀떡 하나 먹여 주시고/두 팔 벌려 품어 주신다/그분은 환하게 웃으시며/손 흔들며 하늘로 오르시고/개미들 감동하여 그분 따라/떼를 지어 훨훨 날아오른다
- 「개미들의 승천」 부분

그 질긴 악연의 끈 다 풀어 버리고/훌훌 벗은 자유의 여신이 되어/고운 천사의 옷 한 벌 갈아입고/그대를 따라 나서고 싶어/조용히 눈 감고 묵상한다오
- 「묵상」 부분

젖은 바지 자락을 끌며/당신의 문고리를 잡고/부끄럽게 서 있습니다//소리 없이 울고 또 울고//별 지는 시간에 혼자 일어나/묵주를 헤아리니/뚝뚝 장미 꽃송

이 떨어집니다
―「안국」 부분

  그분이 천천히 내게로 걸어오시더니/고운 손을 내미시며/일어나라 하신다/나는 일어나지 않았으나/그분이 빵과 술을 내미신다
―「용서의 잔」 부분

  소돔 성을 돌고 돌아/허기진 모습으로/두 손 모아 묵상하니/자비하신 모습으로/밀떡 하나 주시나니
―「유랑인」 부분

  이상 열거한 시들은 대체로 절대자에게 기도하는 시로서, '그분'은 아무런 조건이나 보상을 바라지 않고 먹여 주시고, 입혀 주시고, 용서하고 키워 주시며 언제 어디서나 손을 내미시는 박애의 화신으로 만상에 가득 존재하시는 듯하다.

  이런 저런 고운 이야기들이/스스로 익어 노래가 되어/흐르는 곳이 있다//오늘 밤/하던 일 접어놓고/오신 이여
―「낙원 가는 길」 부분

  소금이신/그 품에 안기면/깊은 밤 아득한 곳에서/

흔들리는 그림자 위에/별빛 한 줄기 내려오고
   　　　　　　　　　　　　－「울지 마라 그대여」부분

　고운 손 내밀어 내 손 잡아 일으키고/영원한 동반자가 되자며/맑고 고운 숲길로/살랑살랑 춤추며 인도하네
   　　　　　　　　　　　　－「맑은 숲길로」부분

　홀로/숨어/몰래 오신/그분//내 빈방으로/쪽문을 열고/살며시 오신/그분
   　　　　　　　　　　　　－「그분」부분

　위에 인용한 시편들은 모두가 전지전능하신 '그분'이 "스스로 노래가 되어", "흔들리는 그림자 위에 별빛 한 줄기로 내려오고", "맑고 고운 숲길로 인도하며", "홀로 숨어 몰래 오시는" 유일한 지존임을 일러주고 있다.

　그의 종교관은 어쩌면 창조주에 대한 절대적 믿음과 동시에 그로 하여 일상의 고통이나 내세에 대한 두려움을 떨쳐내며 스스로 마음을 치유하며 위안을 받고 있는 듯하다.

　"하느님은 만물이 있기 전부터 항상 계시고, 모든 만물을 창조하신 완전하고 무한한 분이시다. 하나이신 하느님은 나눌 수는 없지만, 성부,

성자, 성령 삼위를 포함하여 계신 유일한 분이시다. 하느님의 외아들이신 예수그리스도께서 사람의 모습을 취하시어 이 세상에 오시어 가르치시고, 우리를 대신하여 십자가상에서 희생 제물이 되심으로써 우리가 영생을 얻게 되었다. 사람에게는 불사불멸의 영혼이 있어, 이 세상에서 행한 행실대로 영원한 상을 받거나 영원한 벌을 받는다."라는 가톨릭의 4대 교리가 있는데, 이 5부에 실린 신앙의 시편들을 일별할 때 이러한 기본 교리에 충실히 따르려는 성실한 신도로서의 시인의 자세를 엿보게 한다.

7. 혈연의 아름다움, 그 소중함

제6부는 '혈연의 사랑'을 주제로 다룬 10편의 시로 묶여 있다. 시인이라면 누구나 한 번쯤 다루는 필수적 소재가 '가족'이다. 모든 생명체의 본원적이고 자연발생적인 운명공동체가 바로 가족이고 혈연이기 때문이다.

그해 오월 단옷날 새벽/아버지는 나를 부르셨다/원아/내일 학교에 안 가면 안 되겠느냐/나는 그러겠노라고 대답을 올렸다/아버지는 이내 말씀을 바꾸셨다/아니다

갔다가 좀 일찍 오너라
- 「아름다운 승천」 부분

언제나 마음으로만 말씀하시던/아버지가 그립다//장대비 속에 모내기를 마치고/밀짚 우장 속에 앉아/젖은 풍년초를 말아 피시며/그윽한 눈빛으로 바라보아 주시던/그 아버지가 간절하게 생각난다
- 「속죄」 부분

명주실 촘촘히 엮어/비단옷 짜 가지고/못다 드린 사랑/시 한 소절, 수를 놓아/옷 한 벌 지었으니/달빛 고운 밤에/한 송이 연꽃으로 오소서 (……) 잠 못 드는 밤이면/당신 사랑 그리워/연못가에 왔으니/이 옷 입고 가소서
- 「어머니」 부분

 '효(孝)'는 인간의 '백행지원(百行之源)'이라 하여 삼강오륜에서도 그 으뜸으로 간주했다. 첫 번째 시는 제목에서 보듯 아버지의 귀천을 읊은 작품으로, 임종을 맞이하려는 아버지의 은근한 배려가 작품 전편에 깔려 있다. 기실 혈친의 영결은 인간이 겪는 가장 큰 슬픔이라 하여 '천붕지통(天崩之痛)'이라 하지 않았던가? 자식 된 도리로써 어찌 예감치 못했을까만, 그 안타까운 마음이

절로 "아버지 죄송해요"라며 "천국에서 행복하게 지내시라고 기도하였다"고 고백하고 있다.

  두 번째 시는 그 연장선상에서 읽혀지는 '사부곡'이라 하겠다. 화자는 "이순을 향하여 걸어가는 이 발걸음 너무 무거워, 인생의 참값을 여쭙지 못함이 아쉬움으로 부풀어 오릅니다"고 애통해 하고 있다.

  세 번째 시는 위의 두 편에 버금가는 '사모곡'으로, "앞산에 그림자 노을에 밟혀 오면, 사무치는 그리움 한이 되어 쌓입니다"라고 회한에 젖고 있다. 때로는 그러한 「당신」이 "늦가을 저문 산마루 비켜가는 바람 되어 뒤돌아 손 내밀고, 그리운 당신"으로, 사무치는 그리움으로 소통되기도 한다. 비록 몸은 이승과 저승에 떨어져 있을지라도 마음은 항상 함께하는 존재가 바로 어머니가 아닐까?

  비 오는 초여름 밤/창가에 우수(憂愁)에 젖은/라일락 도톰한 입술 위로/흐르는 빗소리/잠든 향수를 깨운다/예고 없이 전깃불은 나가고//잠시 적막함을 체험하며/아내는 하얀 양초에 성냥을 그어 대니/까만 우주 속에 별 하나 뜨고/밤비는 신이 나서/양철 지붕을 타고 내려온다
                        - 「전깃불은 나가도」 부분

오랜 침묵 속에 숨어 살던 대금이/서럽게 울던 그날 밤/보내온 편지를 열었더니/'그대는 나의 영원한 영혼'이라 적었습디다/삼월의 아침에도 하얗게 서리 내리고/나는 논둑길을 걸으면서/그대의 깊은 정을 다시 느꼈다오
　　　　　　　　　　　　　　－「편지」부분

　위의 두 편은 화자의 부부애를 노래한 시들이다. '전깃불'이 나간 캄캄한 밤에도 "아내는 함박꽃처럼 우아했고, 두 아이는 이슬처럼 고왔다"고 회상하며, "세월은 그렇게 흘러, 지천명에 이르러 두 손 잡고 누워서 지나간 세월 돌아보며 옛 노래를 불러 본다"는 시인의 가족 사랑의 온기와 함께 "별은 추억 속으로 떠나고, 한방 가득 행복으로 밤은 깊어간다"는 마지막 연의 진술에서 화자의 빛나는 열기도 함께 느끼게 해 준다. 「편지」의 "영원한 그리움의 샘인 그대"라는 구절에서 시인의 대상에 대한 절대적 믿음과 소통을 확인할 수 있겠다. 부부간의 절대적 믿음과 사랑, 그리고 영원한 그리움의 대상으로 간직하고 있는 시적 화자의 진정성을 충분히 감지할 수 있어 절로 공감이 간다.
　「프란치스꼬 살레시오」라는 작품과 「논산 가던 날」에서는 성장하여 부모의 품을 떠나 입대하

는 아들에 대한 대견함과 아울러 부모로서의 걱정과 애잔함이 곡진하게 묻어나고 있다. "오래 입던 옷이 갑자기 몸에 맞지 않음을 깨닫게 되었고", "아침이 오면 둥지를 떠날 너를 생각하니, 아", "어미와 아들은 부둥켜안고 떨어질 줄 모르고 나는 하염없이 하늘만 쳐다보았다. 흐르는 눈물 때문에"라는 부분에 이르러서는 뜨거운 부성애를 느끼게 해 준다.

막내 누이와 오라비의 동기애가 담긴 「취나물」, "온 여름 내내 제 몸을 까맣도록 비틀고 말려서 여기까지 왔으리라", 그렇다 '취나물'이 어찌 단순한 취나물이겠느냐, 누이의 땀과 눈물이 말라 건사된 동기애가 아니겠느냐. 중의적 기법의 묘미를 되씹게 하는 가작이 아닐 수 없다.

이처럼 가족과 혈연을 노래한 시들은 시적인 기교나 장식이 없어도 읽는 이로 하여금 절로 교감과 희열을 가지게 한다. 특히 이처럼 시인의 체험에 의한 진솔한 자기고백, 그리고 그 저변에 깔린 따뜻한 애정이 있음에야 어찌 감동이 일지 않으리.

8. 맺는말

문학은 인간의 삶이 이루어 낸 정신문화의 총

화이다. 특히 시는 작자의 주관적 세계관을 표백하는 대표적 서정문학이다. 관조적 수법으로 자신의 생각과 감정을 표현하기에 자기 구원과 자기반성의 최상의 기제가 되어 준다.

여기 구자원 시인의 작품들 밑바탕에 깔려 있는 기본 정서는 '사랑'이고, '믿음'이고, '순리'이다. 또한 우주만상의 존재를 대하는 시인의 태도는 '순수성'과 '진정성'으로 느껴진다. 이순의 중반을 살아오면서 직접 겪고 느꼈던 많은 경험들을 시적 형상으로 승화시키면서 때로는 자기 위안의 매체로, 때로는 소중했던 인연들과 소통의 도구로 활용하고 있음을 볼 때 구 시인의 생활 자체가 건전하고 아름다운 시적 삶이 아닐까 여겨진다.

아무려나 첫시집 『깃발은 흔들 때 힘이 있다』의 상재를 축하드리며, 제대로 짚지 못한 소경의 우를 다음에 훌륭한 평론가를 만나 시 세계가 명쾌하게 조명되기를 희망하며 졸필을 놓는다.